LE PHILANTROPE DÉVOILÉ,

OU

RÉPONSE AUX OBSERVATIONS

DE L'ABBÉ GRÉGOIRE,

SUR LA CONSTITUTION DE 1814.

PARIS,

1814.

LE

PHILANTROPE

DÉVOILÉ.

———

Parmi les nouveaux écrits que l'on publie pour et contre la Constitution impromptu présentée par le Sénat à l'acceptation de notre bien aimé Souverain, on distingue celui de l'abbé Grégoire, ce frondeur de tous les gouvernemens, et qui n'en a jamais aimé d'autre que la république de 1793, à laquelle il a donné tant de preuves d'attachement lorsqu'elle existait, et qu'il a défendue avec tant de courage lorsqu'on a voulu la détruire. La causticité de cet abbé et sa mauvaise humeur percent à chaque page, à chaque phrase, à chaque ligne de son écrit. S'il voulait nous dire toute sa pensée, nous verrions en lui le plus fougueux républicain qui fût jamais ; et s'il feint d'entrer dans un sens raisonnable, c'est pour faire naître des méfiances sur les intentions de cette excellente dynastie appelée au trône pour faire le bonheur des Français. Il s'indigne du nom de maître, quoiqu'il connaisse le véritable sens que les Français attachent à ce mot, qui dans leur bouche est synonyme de celui de père. Il voit partout les chaînes de l'esclavage : selon lui, on trame une conspiration contre nos libertés. On retrouve enfin dans son écrit les mêmes idées, les mêmes expressions que dans les innombrables brochures de 1789. Les peuples, nous dit-il, ne sont pas des troupeaux créés pour le plaisir de leur chef. Cette idée qui a toujours précédé les déclamations des démagogues, prouverait seule les mauvaises intentions de cet abbé, car personne n'en conteste la vérité ; il est bien inutile de les reproduire, et s'il le fait, c'est évidemment pour semer les méfiances.....

L'enthousiasme public ne lui paraît qu'une

folie ; il se perd dans les abstractions des pu-
blicistes , il veut une Constitution libre :
l'expérience du passé ne l'a pas guéri de la
manie des euthopies. Il rêve constitution ,
équilibre de pouvoirs..... Sans doute que la
France serait heureuse, si elle le chargeait de
faire la charte constitutionnelle ; il détruirait
tous les abus, la séduction n'aurait plus aucun
accès auprès du cœur des hommes , les ri-
chesses , les honneurs , la puissance ne les
tenteraient plus, et la balance sociale serait
si bien équilibrée qu'on n'aurait plus à craindre
les révolutions occasionnées par la faiblesse
ou par le despotisme des Souverains..... C'est
ainsi que parlaient les auteurs de la fameuse
Constitution de 1793. Ils avaient bien pré-
tendu avoir atteint le but ; et tout était si bien
calculé selon eux dans ce chef-d'œuvre politique, que la France ne pouvait manquer
d'être heureuse. Qu'arriva-t-il cependant ?
C'est que ces esclaves qui étaient heureux
sous le despotisme de leurs anciens maîtres ,
n'eurent pas plutôt joui de ce bien précieux,
de cette Constitution réfléchie et combinée si
parfaitement, qu'ils devinrent le peuple le
plus misérable de la terre, en butte à toutes

les factions, victime de mille scélérats : l'histoire aura peine à nombrer et encore moins à faire connaître tous les crimes qu'elle enfanta ; et c'est cependant là où notre abbé voudrait nous ramener.

Oui, M. Grégoire, vous fûtes le collaborateur de ce grand œuvre ! vous fîtes plus ; révolté de l'esclavage des noirs, vous leur fîtes accorder spontanément la liberté. Les agens de vos projets philantropiques furent envoyés dans les Colonies, et ces terres fertiles et éloignées furent bientôt arrosées du sang de tous les blancs.

J'aime à penser que lorsque vous enfantiez ces beaux projets pour le bonheur des hommes, vous n'en prévoyiez pas les funestes conséquences ; mais après de tels essais ne devriez-vous pas vous méfier de vous-même, ne devriez-vous pas vous condamner à un éternel silence, et reconnaître que vous n'êtes nullement propre à indiquer aux hommes les véritables routes qui peuvent les conduire au bonheur ?

Je ne parle pas ici du grand forfait en morale, en religion et en politique auquel vous donnâtes si franchement, on peut même dire si stupidement, votre consentement ; je dis stupidement, puisqu'absent par congé et revêtu d'un caractère sacré, vous pouviez vous dispenser de le faire. Fut-ce la morale et la religion dont vous osez appuyer vos discours qui vous prescrivirent alors d'immoler le plus juste comme le meilleur des rois qu'ait eu la France ? le caractère sacré dont vous vous prétendiez revêtu ne vous parut-il pas une raison suffisante pour refuser de coopérer à l'œuvre d'iniquité la plus atroce comme la plus irréfléchie et la plus inutile qui ait jamais été consommée ?

Certainement l'homme qui a montré un pareil jugement, et qui choisit si bien son moment pour donner des avis aux Français, est bien fait pour être écouté et pour être cru par eux : cependant, comme ces considérations ne suffiraient pas pour les convaincre, essayons d'analyser les principales idées que vous avez jetées succinctement et à la hâte sur votre papier.

Les distinctions héréditaires vous révoltent : mais sur quel fondement appuierez-vous vos opinions contre l'utilité de ces distinctions ? Vous nous citez le sénat romain : c'était, au dire de Cinéas, une assemblée de rois. Ce sénat était-il autre chose qu'un corps où les distinctions étaient héréditaires? Pensez-vous détruire l'histoire par des raisonnemens, et nous prouver que les plébeïens étaient et pouvaient être sénateurs, consuls, etc? Vous admirez chez autrui ce que vous blâmez chez vous. Savez-vous pourquoi, M. Grégoire? c'est que vous n'êtes pas né dans une classe privilégiée. Si vous eussiez été noble, vous eussiez été peut-être mille fois plus insolent de votre titre, que vous ne l'êtes aujourd'hui de la prétendue popularité. L'hérédité de la noblesse chez les Romains ne vous fâche pas, parce que ces Romains sont à dix-neuf cents ans de nous ; elle vous paraît insupportable aujourd'hui, parce que, malgré vos places, malgré les décrets impériaux, malgré votre croix et votre titre de sénateur, vous n'êtes que de la fausse monnaie, et que vous n'avez rien fait pour mériter d'être noble. En effet, voyez ces dignes militaires qui ont versé leur sang pour le service de leur patrie, personne ne leur conteste la noblesse : ils l'ont acquise par le plus beau des titres ; tout le monde se fait un devoir de les honorer ; leurs

parens sont fiers de leur appartenir, et la France
se glorifie de les avoir vu naître. Mais vous,
M. l'abbé, quels titres présentez-vous au public ? Vous vous rendez justice, vous n'en
avez aucun ; et c'est pour cela que tout ce
que les hommes estiment le plus est pour
vous un objet de mépris. Il existe quelques
peuples sauvages qui ne connaissent pas ces
distinctions héréditaires ; mais je doute même
que le fils d'un guerrier qui s'est distingué parmi
les braves, n'y jouisse pas d'une certaine con-
sidération. Nous vivons dans l'avenir plus encore que dans le passé et le présent ; c'est
au moins là la manière de penser de toutes les
âmes généreuses : nous sommes flattés de penser qu'en servant l'état nous travaillons pour
nos enfans ; cette idée redouble nos efforts,
empêche le découragement. Consultez ce guerrier qui fait des prodiges dans les champs
d'honneur ; consultez ce magistrat dont la sé-
vère impartialité et les lumières terminent
les différens de la société ; demandez-leur
s'ils ne sont pas flattés qu'une partie de leur
gloire rejaillisse sur leur famille ; et s'ils ont
des enfans, demandez-leur si leur avenir n'est
pas la perspective qui s'offre à leurs regards,

et qui les encourage dans leurs pénibles tra-
vaux.

_ De tels sentimens peuvent ne pas être les
vôtres ; mais certes ils sont généreux et utiles,
et la société doit les entretenir dans le cœur
de ses membres. Je ne m'étendrai pas davan-
tage sur cet article : il y aurait trop d'excel-
lentes choses à vous dire, un volume n'aurait pas épuisé la matière ; et peut-être qu'un
volume de bonnes raisons ne vous ferait pas
revenir de votre entêtement, non plus que
de votre opinion sur la liberté indéfinie de la
presse.

Vous prêchez cette liberté indéfinie depuis
vingt-cinq ans ; et vous savez bien, M. l'abbé,
que depuis vingt-cinq ans cette liberté indéfinie a fait beaucoup mal. Ce ne sont pas, à
coup sûr, les amis d'une monarchie tempé-
rée, telle qu'elle existait en France avant la
révolution, qui auraient le plus perdu à cette
liberté. Leurs adversaires ont tout dit, tout
écrit et tout fait contre eux ; et ils n'ont opéré
qu'un épouvantable bouleversement. Les honnêtes gens, les propriétaires, ceux qui veulent franchement le bien, la paix et la tran-
quillité de leur pays et du monde, n'ont rien

à perdre à la liberté indéfinie de la presse; ils ne craignent pas la vérité. Mais les brouillons, les désorganisateurs, les hypocrites; en un mot, les hommes comme vous, M. l'abbé, qui depuis vingt-cinq ans prêchent et opèrent le mal, qui ont désolé leur patrie en la rendant victime d'une affreuse révolution ; ceux qui ont fait traîner dans les prisons les citoyens les plus honnêtes et les plus vertueux ; ceux qui ont fait incendier nos colonies, et égorger les habitans ; ceux qui ont fait massacrer, fusiller, noyer, guillotiner par milliers leurs concitoyens ; ceux qui ont fait mourir sur l'échafaud le plus juste et le meilleur des rois ; ceux qui ont déshonoré à jamais le nom français en se rendant coupables du meurtre d'une reine l'ornement de son sexe, fille, sœur et femme de souverain, et qui sont les véritables auteurs de son procès, monument inouï de férocité et de barbarie! auquel nos neveux ne voudront pas ajouter foi; ceux enfin qui ont laissé périr dans la misère, le mépris et la douleur l'auguste enfant sur lequel tous les bons Français fondaient l'espoir de leur bonheur ; ceux-là, dis-je, ont plus à perdre à la liberté indéfinie de la presse que leurs victimes. Cependant ce sont elles et les hommes sages qui réclament eux-mêmes des restrictions à cette liberté ; et certes il y a de la générosité de leur part à faire cette réclamation, puisqu'ils ne veulent qu'empêcher les récriminations, les reproches, les accusations qui fondraient de toutes parts sur les coupables ; et effacer, s'il se peut, de nos fastes, jusqu'aux noms des hommes qui ont déshonoré leur patrie. Ils veulent la paix, ils la désirent ; il craignent les discordes civiles ; et en adoptant ces sentimens, ils se conforment aux volontés du vertueux Louis XVI. Et vous pourriez leur faire un reproché de désirer ces sages restrictions à la liberté de la presse ? Lisez donc ces écrits que cette liberté enfante en ce moment : ne sont-ce pas autant d'actes d'accusation contre vous ? ne vous épouvantent-ils pas par leur vérité ? Ah ! si vous les lisez avec sang froid, il n'y a plus de remède, vous êtes gangrené jusqu'aux os. Ces écrits pour la plupart sont dictés par l'horreur que vous inspirez ; plusieurs appellent la vengeance sur vos têtes coupables, et vous trouvez mauvais qu'on veuille les supprimer ! Ayez donc la franchise de répondre ; dites, dites ! Étiez-vous convaincu que notre

bon roi fût coupable lorsque vous l'avez condamné? Étiez-vous convaincu qu'il était l'au-
teur du dix-août, lorsque vos folliculaires
tracèrent le plan de cette journée, et ont avoué
dans leurs feuilles l'avoir conçu et exécuté
pour faire périr ce monarque? Mais non : vous
ne répondez pas ; c'est moins en effet pour
vous justifier que vous désirez la liberté indéfinie de la presse, que pour miner peu à peu
par vos écrits l'édifice social , semer à votre
aise des méfiances entre le peuple et son souverain , et les rendre une seconde fois les victimes d'un faux systême de liberté...... Mais
les Français ne se laisseront pas abuser de
nouveau par de vains discours. Ils sont pleins
de confiance en leur souverain , ils veulent
l'ordre et l'union ; tous les cœurs sont portés
vers l'indulgence , et la désirent même à l'é-
gard des oppresseurs de la nation. Les coupables vivront dans l'abjection avec leurs ri-
chesses; ils vivront pour être témoins de notre
bonheur. Ils verront couler les larmes d'atten-
drissement des enfans au retour de leur père ;
ils entendront les vieillards bénir le ciel de les
avoir fait vivre assez pour voir un si beau jour
et ce sera leur seule punition comme notre
seule vengeance. Cependant la liberté de la

presse sera restreinte dans de justes bornes ; et
il ne sera pas permis, malgré vos vœux, de ré-
pandre des poisons et des brandons de discorde
dans la société. Des princes sages ne veulent pas
que l'on rappelle ces temps de calamité ; ils veulent limiter la liberté de la presse, pour vous
épargner la honte de rougir à tous les instans de
votre conduite ; ils veulent vous soustraire aux
haines et aux vengeances. Bénissez leur main
paternelle qui vous sauve ; et n'insultez pas,
par votre mauvaise humeur, au bonheur des
Français qui retrouvent en eux des pères plutôt que des souverains.

Je sais que votre esprit caustique, votre caractère remuant, vos habitudes révolution-
naires vous font trouver des charmes dans une
lutte de pamphlets : semblables à ces insectes
qui sacrifient leur vie, pourvu que leur ai-
guillon fasse quelque mal à l'objet de leur
haine. Mais, de bonne foi, je vous le de-
mande, à qui pouvez-vous faire du mal? On
s'indigne de votre audace; mais elle ne nuit
pas. Vos sarcasmes font pitié ; mais ils ne pi-
quent pas. Comment s'affecterait-on, en effet,
du délire d'un démagogue qui a foulé aux pieds
tous les principes de l'ordre social ? qui ne res-

pecte ni les lois de la morale ni celles de la société ? Comment se fâcherait-on du langage d'un prêtre en délire, qui, sans respect pour son état, rêve la liberté, ou plutôt la licence, et qui cherche à colorer sa conduite de motifs religieux et philantropiques ! Vous philantrope, M. Grégoire !..... Non : vous n'êtes qu'un vil hypocrite ! Vous affectez des dehors simples ; mais vous parlez, vous écrivez, vous agissez, et vous nous montrez ainsi... le fond de votre âme.

C'est ainsi que votre justice ne s'alarme pas de voir le bien de quelques familles d'émigrés et de condamnés devenir le patrimoine héréditaire des sénateurs. Tout ce qui vous affecte dans l'article monstrueux de la constitution où ils s'approprient ainsi le bien d'autrui, c'est qu'ils en ont fait le patrimoine des membres actuels, et que vous auriez voulu que cette incroyable usurpation devînt le patrimoine héréditaire de tous les membres du sénat portés au nombre de deux cents. Vous trouvez d'ailleurs tout simple, qu'au traitement annuel de 36,000 francs ils ajoutent leur part des dotations, et que le tout soit rendu héréditaire. Vous trouvez tout simple de devenir duc et pair de France ; vous énoncez même votre opinion comme extrêmement modérée... Il y aurait trop de choses à vous dire sur cette modération, pour que j'en prenne la peine : car vous sentez comme moi combien elle est insultante pour les Français. J'aime encore mieux le déhontement de ces sénateurs avides qui ont dit en eux - mêmes : « Faisons d'abord notre part, et après cela les choses iront comme elles pourront. » Il y a du moins de la franchise dans cette façon de penser; ils se sont mis à découvert, et ne méritent pas le reproche d'hypocrisie. C'est comme s'ils avaient dit au public : « Nous sommes biens vils, bien méprisables; nous avons décimé la France, nous avons été vils adulateurs de la tyrannie ; mais nous voulons prouver à l'univers que l'on peut encore aller plus loin en fait de bassesse, en nous assurant nous-mêmes la récompense d'une telle conduite. »

Vous osez aussi parler de Religion, dans un article de votre écrit ! vous en parlez comme Calvin parlait de tolérance, en faisant brûler Servet ; il ne voulait la tolérance que pour lui : n'êtes-vous pas de même ? Vous craignez qu'on ne vous appelle superstitieux, fanatique : non, M. Grégoire , c'est hypocrite et fourbe qu'on vous appellera. Comment vous, prêtre, curé révolté contre les autorités légitimes séculières, contre les autorités ecclésiastiques, contre le chef de l'église ; ayant été un des plus fougueux apôtres de la révolution, espérez-vous que l'on vous croie encore lorsque vous parlez de Religion ? n'avez-vous pas infesté, calomnié, persécuté les prêtres attachés à leurs devoirs ? ne les avez-vous pas fait proscrire ? avez-vous réclamé l'indulgence de vos collègues pour ces malheureuses victimes de la terreur, lorsqu'elles étaient entassées sur les pontons à Rochefort, où on leur laissait à peine respirer l'air extérieur ? avez-vous jamais pris le parti des Français égorgés ? Non, vous ajoutiez votre voix à celle de leurs persécuteurs ; et vous nous parlez Religion ! Vous paierez, dites-vous, les injures par des bienfaits : à qui croyez-vous donc en imposer par ce discours ? C'est à l'œuvre qu'on connaît l'ouvrier, et vous serez jugé par vos œuvres. Le Moniteur, ces redoutables annales de vos crimes, que tant de gens voudraient faire disparaître, existe encore et vous accuse : on y trouve le journal de vos opinions, et l'on voit que toutes ont été dictées par l'exagération et le délire révolutionnaire ; et cependant, malgré ce témoin irrécusable, vous osez vous dire religieux ! Vous ne l'étiez pas alors, et si vous le fussiez devenu depuis, vous vous seriez condamné au silence ; et revêtu d'un cilice et couvert de cendres, vous auriez été dans une solitude gémir sur vos crimes, et chercher à apaiser la colère du Dieu de justice et de vengeance, et à vous faire oublier des hommes. Il est cependant encore temps de prendre ce parti, et à coup sûr ce sera le meilleur. Mais si trop faible pour vous imposer ainsi une peine si bien méritée, vous ne pouvez vous résoudre à abandonner cette société qui vous souffre dans son sein, vivez avec le petit nombre d'amis que vous pouvez avoir, ne poussez plus des cris d'alarmes, ne cherchez plus à nous éclairer sur nos véritables intérêts, et persuadez-vous bien que les meilleures causes mêmes perdent infiniment à être défendues par des hommes tels que vous.

Par M. Auguste d' ****,
abonné au *Moniteur* depuis 1789.